Löffelstiel und kurzes Leben

Reinhard Clement:

Löffelstiel und kurzes Leben

Gedichte mit Wortspiel und Wortwitz

Bibliografische Information der Deutschen Nationalbibliothek:
Die Deutsche Nationalbibliothek verzeichnet diese Publikation in der Deutschen Nationalbibliografie; detaillierte bibliografische Daten sind im Internet über http://dnb.dnb.de abrufbar.

Herstellung und Verlag:
BoD – Books on Demand, Norderstedt

ISBN: 978-3-7519-0779-8

Inhaltsverzeichnis

Abkratzen...10

Hundekuchen...10

Der Filzstift...10

Nachbarinnen-Tratsch..11

Barhocker..11

Leuchtturmwärter...12

Zähne..12

Löffelstiel und kurzes Leben...................................13

Zusteller..14

Ehrenamt..14

Fetischist...15

Lüneburger Heide...15

Widerstand...15

London..16

Flüchtige Bekannte...16

Teilchenbeschleuniger..17

Fastnacht..17

Raucher...18

Gewichtsverlust..19

VHS-Kurs..19

Überholverbot...20

Gefängnis 21

Automatisches Getriebe.......................21

Café...22

Taxifahrt...23

Frauenversteher 23

Englischer Fischerhafen.......................24

Geburtenrate......................................25

Joggingmütze.....................................25

Datencloud..25

Vollmacht 26

Glücklich verheiratet...........................26

Routenplaner 26

Gegenteil 27

Frauenleiden 28

Gauner 28

Hundezahn..28

Stoffwechsel.......................................29

Dumme Fragen...................................30

Nächtlicher Fluglärm...........................30

Ich war fassungslos..............................31

Laster..31

Schuppen-Problem 32

Hühneraugen......................................32

Montag...33

Klopapier-Statistik.......................................33

Büroschlaf..34

Grillen...34

Dachdecker..34

Zugfahrt...35

Buchstabenkongress.....................................36

Ein Drittel des Gehirns................................39

Kuchen bestellen...40

Ist Aqua dran schuld?...................................41

Todespforte..42

Alkoholtest...42

Büstenhalter...43

Seehunde vor Borkum...................................44

Tortenfreunde..44

Hochstapler..45

Geschnitten..46

Heuschnupfen..46

Kochbuch...47

Beim Kommen schreien................................48

Zweizeiler gegen Taktlosigkeit....................48

Ton in Ton..49

Ohrenarzt in Venedig....................................49

Altes Smartphone 50

Tegernsee 50

Oben-ohne-Bar..51

Mikroweich-Fenster..52

Bier leihen 53

Überhangmandat 53

Dinieren..54

Boxtraining 54

Die Vorteile des Alters 55

Angebunden an eine Zapfsäule..............................55

Befehlsworte...56

Fadfinder..56

Perpetuum Mobile 57

Nächstenliebe 58

Blaues Gedicht 59

Vorwortspiel

Zunächst vielen Dank an den Fotografen Markus Holzer aus Bochum für das Cover-Foto.

In diesem Buch finden Sie Wortspiele und Wortwitz in Reimen, mit denen ich schon auf vielen Bühnen (Comedy, Poetry Slam oder Lesung) die Lachmuskeln meiner Zuhörer in Bewegung bringen konnte.

Es handelt sich hierbei um eine Zusammenfassung und Überarbeitung von Gedichten aus meinen Büchern „Wortspielereimen" und „Elefantenquantensprung".

Eines dieser Gedichte ist sogar ein echtes Kriminalstück und trägt den furchterregenden Titel „Löffelstiel und kurzes Leben"

Sind Sie bereit?

Dann wünsche ich Ihnen viel Vergnügen.

Abkratzen

Ein Maler hat mit seinen Tatzen
die Fehler wieder abzukratzen.
Doch wenn der Doktor pfuscht und pennt,
dann übernimmt das der Patient.

Hundekuchen

Im Apfelkuchen – das macht Sinn –
ist mindestens ein Apfel drin.
Doch in einem Hundekuchen
wird man Hund vergeblich suchen.

Der Filzstift

Erst Passkontrolle, dann der Groll:
Es filzte dich ein Mann beim Zoll.
Wenn der auch noch Azubi war,
dann war's ein Filzstift. Ist doch klar.

Nachbarinnen-Tratsch

„Die junge Frau von nebenan,
die heiratet den zweiten Mann.
Sie ist ganz stolz und freut sich sehr.
Der neue ist Veterinär."

„Veterinär?", – fragt Ilse dann.
„Warum denn so ein alter Mann?"
„Soon Quatsch", sagt Erika aus Hessen.
„Das sind doch die, die fleischlos essen."

Barhocker

Ein Mann saß auf dem Barhocker.
Bei ihm, da saß das Geld locker.

Dann zog er die Kreditkarte.
Der Wirt nicht mit Kritik sparte,

und sagte: Mach's in bar locker,
du sitzt auf meinem Barhocker.

Leuchtturmwärter

In trocknen Nächten und in feuchten
allen Matrosen heimzuleuchten,
das ist des Leuchtturmwärters Pflicht.
Ist es ein Traumjob? – Oder nicht?

Mehrmals täglich, flink und munter,
steigt er rauf und wieder runter.
Die Frauen machen ihm Avancen,
denn er hat gute Aufstiegs-Chancen.

Zähne

Mein Zahnarztbesuch, der hat – wie ich find
ein gutes Ergebnis, - ich sag es allen:
Die Zähne, die er behandelt hat, sind
zu meiner Zufriedenheit ausgefallen.

P.S.
Die Zähne und ich sind Freunde für immer.
doch schlafen wir nicht mehr in einem Zimmer.

Löffelstiel und kurzes Leben

Den Opa locken die Gerüche
aus Omas heißer Suppenküche.
Das Rezept stammt - welch ein Wahn -
aus dem Kriminalroman,
den sie nächtelang gelesen.
Oma ist ein alter Besen!

Kaum ist Oma abgehauen,
kann er einen Löffel klauen.
Taucht den Löffel in die Suppe,
alles andre ist ihm schnuppe.
Schiebt den Löffel in den Mund,
löffelt weiter bis zum Grund.

Doch kaum hat er den Topf geleert,
sieht er den Krimi auf dem Herd.
Noch mit dem Löffel in der Hand
liest er den Titel, ganz gespannt:
„Löffelstiel und kurzes Leben". -
Dann hat er ihn abgegeben.

Zusteller

Mein Postzusteller bringt mir Post
bei Sommerhitze und bei Frost.
Stets zuverlässig fährt der Mann
zur gleichen Zeit ans Haus heran.

Doch diesmal hat mir dieser Held
dabei die Einfahrt zugestellt.
Genau vor dem Garagentor!
Was geht in diesem Kopf nur vor?

Ich schrie mit wutverzerrter Miene:
Verdammt nochmal! Ich hab Termine!
Das ginge wirklich deutlich schneller
mit Post-, anstatt mit Torzusteller.

Ehrenamt

Übungsleiter oder Küster,
sind Arbeiter im Ehrenamt.
Doch als Landwirtschaftsminister
bekleidet man ein Ährenamt.

Fetischist

Zum Feiern bin ich stets bereit.
Doch viel zu langsam läuft die Zeit
bis die nächste Fete ist,
denn ich bin ein Feteschist.

Lüneburger Heide

In Lüneburg, da lebe ich,
bin Atheist und meide
die Kirche, und bezeichne mich
als „Lüneburger Heide".

Widerstand

Sie lachte nur und widerstand.
Doch als sie ohne Mieder stand,
da fiel ihr ganzer Widerstand,
bis sie am Ende wieder stand.

London

Fällt auf unsre Straßen Schnee,
tut das vielen Menschen weh.
Besonders im Berufsverkehr
stellt sich so mancher Laster quer.

Auf vielen Straßen kracht's und knallt's.
Wo bleibt der Streudienst mit dem Salz,
dass endlich diese Schneeschicht taut?
Die Wut sich in den Bäuchen staut.

Nur in London ist man schlauer:
Schneegestöber, Hagelschauer
machen keinen Menschen sauer,
denn zum Tauen gibt's den Tower.

Flüchtige Bekannte

Die Ehefrau ist durchgebrannt,
sie flüchtete und rannte.
Jetzt hab ich – das ist allerhand -
'ne flüchtige Bekannte.

Teilchenbeschleuniger

Noch nie gehört, was ist das nur?
Hab keine Ahnung, keine Spur.
Haben Forscher sich geeinigt,
und die Teilchen dann beschleunigt?

Seit Stunden bin ich abgetaucht.
Mein Kopf denkt, dass die Birne raucht.
Warte, warte noch ein Weilchen,
wer beschleunigt welche Teilchen?

Ich hab's! - Im Rheinland, eins-zwei-drei,
backt Deutschlands schnellste Bäckerei
im Sekundentakt die Teilchen,
dauert maximal ein Weilchen.

Fastnacht

Wer sich 'nen Rock aus Bast macht,
und sich dabei 'nen Ast lacht,
der feiert gerne Fastnacht
bis elf. - Und dann ist fast Nacht.

Raucher

Raucher in den Gastwirtschaften
müssen einiges verkraften.
Ruft nach kurzer Zeit die Sucht,
dann ergreifen sie die Flucht.

Drinnen dürfen sie nicht rauchen,
andrer Leute Luft verbrauchen.
Nein, sie müssen draußen stehn.
Raucher finden's gar nicht schön.

X-mal vor die Tür zu gehen,
hin und her, und immer stehen,
macht Beine kurz und Füße dick,
und stört das wahre Raucherglück.

Den Geist der Zeit hab'n sie verstanden,
weil sie fast immer draußen standen.
Denn Raucher sind in diesen Zeiten
gestandene Persönlichkeiten.

Gewichtsverlust

Ganztägig liegt sie nur in der Sonne.
Ohne Diät verliert sie Gewicht.
Ohne Bewegung, welch eine Wonne.
Ist diese Dame nicht mehr ganz dicht?

Nur in der Sonne liegen und schwitzen.
Diese Idee bekam sie beim Kauf.
Auf der Konservendose stand drauf:
„Achtung, Gewichtsverlust durch Erhitzen."

VHS-Kurs

Vom Arbeitgeber wird empfohlen:
Die Weiterbildung soll sich lohnen.
Er will's auf seine Kosten buchen.
Wir sollen einen Kurs besuchen.

Mein Chef hat damit angefangen:
Er ist in den Kon-kurs gegangen.

Überholverbot

Ein neues Auto muss jetzt her,
doch diese Farbauswahl ist schwer.
Ich will nicht fahren wie die meisten,
die sich Metallic-Silber leisten.

Seh nur noch Silber, Schwarz und Weiß.
Nicht kunterbunt, nicht grell und heiß,
als ob es dem Schwarz-Weiß-Film diene,
wie Nonnen oder Pinguine.

Mich machen bunte Farben froh,
drum mag ich's lieber farbenfroh.
Mit Farben kann man nie verlieren.
Im Gegenteil: Nur profitieren.

Drum kauf ich Autos nur in Rot,
wie auf dem „Überholverbot".
Denn dieses Schild erlaubt seit Jahren,
mit roten Autos links zu fahren.

Gefängnis

In der Stadtwohnung zu wohnen,
schien sich nicht für mich zu lohnen.
Konnte vor dem Fenster stehen
und auf das Gefängnis sehen.

Jetzt sind die Gedanken trüber,
denn ich wohne gegenüber.

Automatisches Getriebe

Sein Auto ist die große Liebe,
er kaufte es vor sieben Jahren,
mit automatischem Getriebe.
Er mag es sehr, damit zu fahren.

Doch nun muss er darauf verzichten,
mit Automatik wärs unhaltbar.
Seit Januar fährt er mitnichten
denn 2020 ist ein Schaltjahr.

Café

Wa**rum** heißt das Café Café?
Wieso nicht Cola oder Tee?
Produkte gibt's genug, zum Glück.
Warum nicht „Sahnetortenstück"?

Was soll nur diese Logik hier?
Die Kneipe heißt ja auch nicht „Bier".
Wenn Namen keine Logik kennen,
will ich den Metzger „Schnitzel" nennen.

Zum Optiker sag ich jetzt „Glaser".
Der Porsche-Händler ist der „Raser".
Elektriker, die nennt man „Dose",
die Wäscherei heißt „Unterhose".

Der Internist, das ist ein Mann,
der mich von innen sehen kann.
Sein Name ist ihm zugeflogen.
Wir gehen jetzt zum „Arschäologen".

Taxifahrt

Am frühen Morgen schon im Stau.
Ich ärgere mich grün und blau,
und muss mich ständig konzentrieren.
Das geht ans Herz und an die Nieren.

Erst kuppeln, schalten, dann aufs Gas,
vier Meter weiter, welch ein Spaß.
Ich sollte mir den Stress ersparen
und lieber mit dem Taxi fahren.

Die Taxifahrt ist sehr bequem.
Man fährt nicht selbst, wie angenehm.
Ich kann dort Geld und Zeit verprassen
und auch mal einen fahren lassen.

Frauenversteher

Sie stand vor ihm, so jung und schön,
im Kleid mit bunten Streifen.
Sie wollte ihn so gern verstehn.
Er wollte sie begreifen.

Englischer Fischerhafen

In England, wenn noch alle schlafen,
erwacht der Tag im Fischerhafen.
Denn täglich gibt es frischen Fisch,
und frisch soll dieser auf den Tisch.

Dann flüchtet einer beim Verladen,
dem Fischer geht ein Hering baden.
Er flutscht ihm aus der Hand geschwind,
weil frische Fische glitschig sind.

Der Hering flitzt und sucht das Weite.
Der Fischer flucht: Verdammte Pleite!
Er nimmt die Beine in die Hand
und folgt ihm, außer Rand und Band.

Minuten geht das unverdrossen,
doch dann streckt dieser Fisch die Flossen.
Der Hering liegt nun vor dem Mann
und japst, so schnell er japsen kann.

Der Fisch ist platt, und hat - Stress.
Der Fischer fragt ihn: „Matt?" – „Yes."
Nun weiß die Menschheit insgesamt
woher der Name „Matjes" stammt.

Geburtenrate

Was ist schlecht bei uns im Staate?
Das ist die Geburtenrate.
Auf dem Kopf, und nicht solide
steht die Alterspyramide.

Drum, ihr vielen jungen Paare,
geht euch öfter in die Haare.
Beweist uns, dass ihr das noch schafft:
Das Land braucht Überzeugungskraft.

Joggingmütze

Joggingmützen kauft man gern.
Der Vorteil für den Kaufenden:
Sie sind chic und hochmodern,
weil, – immer auf dem Laufenden.

Datencloud

Die Sorge mit der Datencloud
ist, dass man mir die Daten klaut.

Vollmacht

Der Kneipenwirt kriegt eine Vollmacht,
damit er mich auch richtig vollmacht.
Fünf Stunden lang, und dann ist „voll Nacht".
Ich schwanke nur, bin nicht mehr voll Macht.

Glücklich verheiratet

Damals war ihr Leben grau.
Heute ist sie meine Frau.
Permanent und immerdar
wird ihr Traum vom Traummann wahr.

Routenplaner

Bald kommt der Nikolaus, der gute,
doch hält er in der Hand die Rute.
Damit er's richtig macht als Mahner
benutzt er einen Rutenplaner.

Gegenteil

Das Gegenteil von gut ist schlecht.
Und wenn's nicht falsch ist, ist es echt.
Ist etwas hoch, dann ist's nicht tief,
und wenn es gerade ist, nicht schief.

Was wär das Gegenteil von Namen?
Das fiele wirklich aus dem Rahmen.
Aus „Gottlieb" würde „Teufelböse",
wovon das Schicksal ihn erlöse.

Aus „Hartmut" würde „Weichangst" dann,
wenn dieser damit leben kann.
Der „Friedhelm" würd zur „Kriegesmütze".
Statt „Eberhard" wär „Sauweich" Spitze.

Die Taufe ginge in die Hose
mit „Christnelke" statt „Heiderose".
Aus „Peter" würde stets ein „Paul",
aus „Siegmund" „Niederlagenmaul".

Statt „Reinhard", wie ich wirklich heiße,
nur „Rausweich", doch das wäre – sch…ade.
Drum schließe ich die Dichtermappe
und halte lieber mal die Klappe.

Frauenleiden

Der Frauenarzt kann Frauen leiden,
behandelt täglich Frauenleiden,
damit nicht ständig Frauen leiden.

Und was ist, frage ich bescheiden,
wenn Männer unter Frauen leiden?

Gauner

Wer gestanden hat muss sitzen,
und das nicht nur auf dem Po.
Doch nicht jeder kommt ins Schwitzen,
nur für Gauner ist das so.

Hundezahn

Wenn es schmerzt im Hundezahn,
muss der Hundedoktor ran.
Die Helferin darf nur verwalten.
Sie muss dabei die Schnauze halten.

Stoffwechsel

Womit kann ich Ihnen dienen?
Neue Dekos und Gardinen?
Was soll es denn diesmal sein?
Mild im Ton, dezent und fein?

Alle sechs bis sieben Wochen
kommt 'ne Dame angekrochen,
sucht ständig neue Stoffe aus.
Und voll bepackt geht sie nach Haus.

Ist die Frau denn noch zu retten?
Mal ist's Wäsche für die Betten,
Gardinenstoff im Landhausstil.
Wird ihr der Stoff denn nie zu viel?

Oder ist sie einkaufssüchtig,
denn ihr Geld ist furchtbar flüchtig?
Oder ist sie nur extrem? -
Es ist nichts von alledem.

Ihr Hausarzt gab ihr einen Rat,
den sie wohl falsch verstanden hat.
Sie soll sich endlich überlegen,
den Stoffwechsel mehr anzuregen.

Dumme Fragen

„Ganz dumme Fragen gibt es nicht“,
hör ich die Leute sagen.
Die Antwort ist es, die man spricht,
und nicht die dummen Fragen.

Doch manchmal geht's auch andersrum
Und dann platzt mir der Kragen,
denn diese hier ist wirklich dumm:
„Darf ich Sie mal was fragen?“

Nächtlicher Fluglärm

Mal wieder ist die Nacht nicht leise.
Ein Airbus zieht noch seine Kreise
gerade über Müllers Haus.
Dann flippt der Herr Müller aus:

„Ist es denn noch nicht genuch? (genug)
Himmel, Arsch und Wolkenbruch!“
Die Ehefrau wacht auf und droht:
„Sei still. Hier ist Nachtfluchverbot!“

Ich war fassungslos

In Selbstbestimmung – laut Verfassung –
begehrte ich 'ne Brillenfassung.
Dann kam die Augenwert-Erfassung.
Die Gläser trag' ich jetzt mit Fassung.

Laster

Ein junger Mann mit sehr viel Zaster
der hat Gelüste und auch Laster.
Hübsche Frauen, jung an Jahren,
sind schon oft mit ihm gefahren
und hatten Spaß - ganz ohne Lohn -
im Laster seiner Spedition.

Sie dachten schon: „Was für ein Kult?"
Die Assoziation war schuld.
Des Lasters Deutung, wer – was - wie,
wird definiert durch Fantasie.
Doch aller Laster Anfang war
die Stoßstange. Das ist doch klar.

Schuppen-Problem

Ich bürste täglich voller Groll
mir Schuppen aus den Haaren.
Die Schultern sind danach stets voll.
Das ärgert mich seit Jahren.

Woran das letztlich liegen kann?
Da gibt es viele Thesen.
Ich glaub, ich bin als junger Mann
ein toller Hecht gewesen.

Hühneraugen

Versierte Forscher, die was taugen,
erforschten neulich Hühneraugen.
Am Fuß sind sie ein alter Zopf,
inzwischen gibt's sie auch am Kopf.

Doch der Gedanke ist ein kühner.
Denn aktuell betrifft's nur Hühner.

Montag

Der Montag sollte Schontag sein,
und ein Belohntag obendrein.
Ich saß in der Konditorei
und aß drauflos. Ich war so frei.

Mohntorte mit Eierschecke,
Mohn mit Schmand und Streuseldecke,
Mohn mit Apfel und Rosinen,
Mohnparfait und Mohnpralinen.

Mohn auf süßem Palatschinken,
Schlemmen, ohne abzuwinken.
Mit beiden Händen schob ich's rein.
Es sollte öfter Mohn-Tag sein.

Klopapier-Statistik

Im Monat etwa brauchen wir
pro Kopf zwölf Rollen Klopapier.
Doch fragt sich mancher arme Tropf:
Was heißt hier eigentlich „pro Kopf"?

Büroschlaf

Herr Spelter schläft am Schreibtisch ein,
und plötzlich kommt sein Chef herein.
Sekunden später ist Herr Spelter
ein aufgeweckter Angestellter.

Grillen

Viele wollen abends grillen,
um den Hunger sich zu stillen.
Das ist nicht nach meinem Willen,
denn ich mag gar keine Grillen.

Dachdecker

Ein Dachdecker, noch jung an Jahren,
der wurde gestern überfahren.
Von Tag zu Tag wird's schauerlicher. -
Selbst auf dem Dach ist niemand sicher.

Zugfahrt

Mir gegenüber sitzt ein Mann,
der ganz erstaunlich essen kann.
Brötchen, Kuchen, Frikadelle,
und Pralinen auf die Schnelle.

Laugenbrezel, dick mit Butter,
dann kaut er Studentenfutter.
Wie soll sein Magen das verdauen?
Hört er doch niemals auf zu kauen.

Er bemerkt mein Fragezeichen.
„Ich will nur mein Ziel erreichen,
darf den Zielort nicht vergessen,
muss ins Ruhrgebiet, nach Essen."

Ich bin so froh. Was für ein Glück!
Erleichtert lehn' ich mich zurück.
Auch, wenn sein Essen lange währt.
Gut, dass der nicht nach Pforzheim fährt.

Buchstabenkongress

Letzte Woche gab es Stress
auf dem Buchstabenkongress.
Schnell zerbrach die Einigkeit,
diesmal gab es harten Streit.

Es stritten Groß- und Kleinbuchstaben,
was diese voneinander haben.
Wer erfüllt stets seine Pflicht?
Wer ist wichtig, und wer nicht?

Wortmeldung E:
Das E steht auf und brüstet sich:
„Der Allergröße, der bin ich.
Was wärt ihr ohne mich, ihr Lieben?
Am meisten werde ich geschrieben."

„Ich führ' die Hitparade an!
Siebzehn Prozent! Oh Mann, oh Mann.
Mein Lieblingswort: Erdbeergelee.
So zuckersüß bin ich, - das **E**."

Buchstabenkongrass, Fortsetzung

Wortmeldung A und O:
„Die zwei, um die sich alles dreht,
das **A** und **O** vom Alphabet,
das sind ganz ohne Zweifel wir.
Wer stimmt uns zu? Wer ist dafür?"

Wortmeldung Y
„Für **A** und **O**? Da sag' ich: Nein.
Was soll an euch besonders sein?
Das reicht zum Staunen, oder so.
Dann rufen Menschen: **A** – und **O**."

Wortmeldung B:
„Ich weck' bei Kind und Mann Gelüste.
Mit mir beginnen **b**lanke **B**rüste.
Zum Stillen, aber auch zum Schmusen.
Und **B** - sieht auch so aus wie Busen."

Wortmeldung T:
„Als Beispiel werd ich oft genannt.
Ein **T**-Stück, das ist wohlbekannt.
Die **T**-Aktie - ist es eh.
Und außerdem – Kamillen-**T**."

Buchstabenkongress, Fortsetzung

Wortmeldung W:
„Ohne mich ging's Deutschland flau.
Ich stütze den Maschinenbau.
Mit Schweißgerät und Schweißmaschinen
wär ohne mich nichts zu verdienen."

Ein U-Bahn-Beispiel kam vom **U**,
das **X** tat seinen Senf dazu.
Es probierte – fast zum Lachen –
X für **U** uns vorzumachen.

Dann war die Diskussion zu Ende.
Man reichte sich erfreut die Hände,
war über einen guten Berg.
Zur Freude des Herrn Gutenberg.

Wen **ich** hier gern als Sieger säh,
das wär das unscheinbare **ä**
Im Alltag findet's kaum Beachtung,
doch lohnt die nähere Betrachtung.

Buchstabenkongress, Fortsetzung

Drum richten Sie mal Ihren Blick
auf Redner in der Politik.
Das **ä** ist wichtig vor den Wahlen
„Wer mich wählt – **ä** – muss wenig zahlen!"

Steuer – ä - senkungsargumente
sind so – ä – sicher wie die Rente!
Ich möchte Sie – ä – gern verführen.
Sie dürfen jetzt - ä – applaudieren!

Ein Drittel des Gehirns

Hinter einer hohen Stirn
sitzt beim Menschen meist Gehirn.
Nur ein Drittel ist zum Denken.
Das wird viele Menschen kränken.

So mancher schüttelt nun sein Haupt,
fühlt des Verstandes sich beraubt.
Er fragt nach langem Kopfgeschüttel:
„Und wofür ist das andre Drittel?"

Kuchen bestellen

Er trat ein mit schnellem Schritte.
„Ein Stück Apfelkuchen bitte".
Der Kellner brachte ihn heran.
„Hier ist Ihr Kuchen, junger Mann."

„Pardon, ich habe mich geirrt,
soeben war ich leicht verwirrt.
Denn schließlich haben wir August.
Auf Äpfel hab' ich keine Lust.

Ich möchte tauschen und stattdessen
viel lieber Pflaumenkuchen essen.
Sie nehmen diesen wieder mit.
Auf **Pflau**men hab' ich Appetit."

Der Kellner wollte ihm was schei...,
jedoch er tat, wie ihm geheißen.
Es ging um seines Kunden Gaumen,
und er servierte ihm die Pflaumen.

Der Kunde ließ es sich gut schmecken.
Sein Portmonee, das ließ er stecken.
Dann stand er auf und wollte geh'n
und sagte laut: „Auf Wiedersehn."

Kuchen bestellen, Fortsetzung

Der Kellner rief mit lautem Fluchen:
„Bezahlen Sie den Pflaumenkuchen!"
Da drehte sich der Mann herum.
„Sie wollen Geld? Wofür, warum?

Wieso wird das so aufgebauscht?
Der Pflaumenkuchen war getauscht.
Im Gegenzug hab' ich soeben
den Apfelkuchen weggegeben."

„Es war ein Tausch, das ist schon richtig.
Doch das Geschäft ist null und nichtig.
Mit Apfelkuchen wird geprahlt?
Auch dieser wurde nicht bezahlt!"

„Ganz logisch", sprach der Gast aus Hessen,
„denn den hab' ich auch nicht gegessen

Ist Aqua dran schuld?

Der Wagen lag im Straßengraben.
Wo**ran** wird das gelegen haben?
Spielte Aquaplaning mit?
Aqua ja, - doch Aquavit.

Todespforte

Von Jahr zu Jahr, da wird „Mann" älter.
Die Kraft lässt nach, das Blut wird kälter
und überall beginnt's zu zwicken.
Bald können Ärzte nichts mehr flicken.

„Oh helfen Sie, Herr Doktor Korte,
ich stehe an der Todespforte."
„Keine Angst. Mir wird's gelingen,
Sie schon baldigst durchzubringen."

Alkoholtest

Die Lichter waren längst schon aus.
Ich saß im Auto, fuhr nach Haus.
Heimwärts wollt' ich auf die Schnelle.
Plötzlich sah ich diese Kelle.

Ein Alkoholtest müsse her.
Und, - ob ich einverstanden wär.
„Diesen Test könn'n Sie sich sparen.
Danke, nein. Ich muss noch fahren."

Büstenhalter

Für die Freundin sucht der Walter
einen neuen Büstenhalter.
Im Geschäft kommt es ans Licht:
Walter kennt die Größe nicht.

Die Verkäuferin will's wagen
diesen Kunden auszufragen.
„Welche Größe ungefähr?
Pampelmuse oder mehr?"

„Nein, die sind ein bisschen kleiner."
„Wie ein Apfel, so wie meiner?"
„Nein, das ist kein leichtes Spiel,
auch der Apfel ist zu viel."

„Oder sind sie wie zwei Eier,
wie bei der Kollegin Meier."
„Ja, Ei ist gut, ich bleib dabei.
Doch, wenn schon Ei, dann Spiegelei."

Seehunde vor Borkum

Die Sandbank dort am Borkumriff,
die scheint sie förmlich einzuladen.
Dort sieht man sie - auch ohne Schiff -
am Mittag in der Sonne baden.

Am „Nordbad" viele Menschen stehn,
sich um die besten Plätze reißen.
Man kann sie ohne Fernglas sehn,
weshalb die Tiere Seh-Hund heißen.

Tortenfreunde

Parfums erkennt man an den Düften,
und Tortenfreunde an den Hüften.
Hab niemals Torten auserkoren
von viel zu schlanken Konditoren.

Ich kann nur denen voll vertrauen,
die ihr Produkt auch selbst verdauen.

Hochstapler

Zuerst kommt die Begrüßungsrede.
Dann gibt der Wirt die Tafel frei.
Es startet die Buffet-Stampede
und mit der Ruhe ist's vorbei.

Mit Einsatz beider Ellenbogen,
für eine gute Position
wird fest geschoben und gezogen.
Am Ende winkt ein Schlemmer-Lohn.

Sofort wird alles aufgeladen,
was jedes Schlemmerherz begehrt.
Ob Krabben, Brombeermarmeladen,
auch Räucherlachs ist nicht verkehrt.

Filet von Finnland-Wildrentieren,
nur her damit, und immer drauf.
Der Abend soll sich doch rentieren.
Was eben reinpasst, isst man auf.

Am nächsten Tag wird dann berichtet:
Nicht jeder wurde richtig satt.
Nur der, der akkurat geschichtet
und möglichst hochgestapelt hat.

Geschnitten

So manches Unglück kann passieren
beim Haareschneiden und Rasieren.
Denn macht das Messer einen Rutsch,
dann sind sehr schnell die Ohren futsch.

Erst gestern war's bei Meister Esser.
Denn dieser nahm das scharfe Messer,
doch dann bekam er einen Stoß.
Ein Ohr lag auf des Kunden Schoß.

Und dieses Ohr war unbestritten
so, „wie aus dem Gesicht geschnitten".

Heuschnupfen

Arg geplagte Zeitgenossen,
deren Nasen ständig flossen,
haben nie die Zeit genossen,
nur die ganze Zeit genossen.

Kochbuch

Schon seit anno dazumal
steht mein Kochbuch im Regal
Neulich hab' ich drin geblättert
und vor Ärger laut gewettert.

Denn nie fand ich, dass sowas geht,
ein Buch, in dem nur Blödsinn steht,
daraus mach' ich keinen Hehl:
„Schwitzen Sie ein halb' Pfund Mehl."

Junge, war das eine Qual.
Mantel, Mütze und auch Schal,
so machte ich mich auf die Socke,
zu schwitzen, wie im Lied der Glocke.

In die pralle Sonne raus,
zwanzig Runden um das Haus.
Das hat mich extrem erhitzt,
doch ich hab kein Mehl geschwitzt.

Weiter ging's in diesem Buch
mit dem nächsten Kochversuch.
Wer kann diesen Quatsch verstehen?
„Lassen Sie die Klöße gehen."

Kochbuch, Fortsetzung

Ich stellte sie, noch kalt und frisch,
in Reih und Glied auf meinem Tisch.
So war keiner ganz alleine,
alle kriegten Streichholzbeine.

Kommandos gab ich, laut und barsch,
dann blies ich den Radetzky-Marsch.
So hat alles angefangen.
Trotzdem, - keiner ist gegangen.

Beim Kommen schreien

Mein Nachbar fragt: „Du musst verzeihen,
tut deine Frau beim Kommen schreien?"
Ich überlege erst ein bissel:
„Nein, meine hat 'nen Haustürschlüssel."

Zweizeiler gegen Taktlosigkeit

Fürs taktlos sein gibt's keine Lacher,
erst recht nicht bei 'nem Herzschrittmacher.

Ton in Ton

In dem Klavier löst sich ein Ton.
Er fällt auf einen Pappkarton,
dann auf den Boden aus Beton,
kriecht in den Blumentopf aus Ton.

Das Resultat ist: Ton in Ton.
Und das gehört zum guten Ton.

Ohrenarzt in Venedig

Diese Stadt hat einen Schatz,
den alle Bürger lieben.
Praxis Doktor Markus Platz,
in Haustür Nummer sieben.

Jahrelang schon ausgebucht,
es ist fast nicht zu glauben.
Täglich wird er aufgesucht
von vielen hundert Tauben.

Altes Smartphone

Mein Smartphone wird nun langsam alt,
der Bildschirm blass, die Farben kalt.
Viel schneller wird der Akku leer,
jedoch die Trennung fällt mir schwer.

Mit Netzteil nicht mehr zu betreiben,
mein Schmerz ist kaum noch zu beschreiben.
Mit Kabeln hängt das Smartphone lose
direkt an meiner Netzsteckdose.

Zweihundertvierzig Volt darin.
Es funktioniert. Ich glaub' ich spinn!
Und dann die Erkenntnis, die klare:
Es kommt in die Wechselstromjahre.

Tegernsee

In Tegernsee am Tegernsee
da trinken Menschen gerne Tee.
Schon zum Frühstück oder eher
trifft man dort die „Tee-gern-Seher".

Oben-ohne-Bar

Dem Heinz fällt schon beim Zeitungskauf
die übergroße Werbung auf.
„Macht Euch mal bei der Mutti rar,
Kommt in die Oben-ohne-Bar".

Am Samstag sitzt er mitten drin
und schaut zu allen – Mädels hin.
Um zehn Uhr wird's ihm dann zu dumm,
noch laufen alle züchtig rum.

Erst später dann, um null Uhr vier
da fallen Tropfen in sein Bier.
Er wundert sich und schaut hinauf.
„Verdammt! Da ist ja alles auf."

Er kann den Sternenhimmel sehn.
Das findet Heinz nun gar nicht schön,
denn „oben ohne" hat der Held
sich wahrlich anders vorgestellt.

Mikroweich-Fenster

Der Firmenname Mikroweich,
der steht nicht für Gespenster.
Die Firma wurd mit Software reich,
und diese heißt schlicht: Fenster.

Und Fenster, es ist genial,
das will ich hier beteuern.
Es könnte wirklich überall,
auch euer Leben steuern.

Ihr habt 'ne Klettertour gemacht
auf unbekannten Wegen?
Und plötzlich hinterm Felsen lacht
ein Abgrund euch entgegen?

Und dann passiert's, ein falscher Tritt.
Ihr glaubt, Ihr seht Gespenster,
die ziehn euch in die Tiefe mit.
Dann öffnet sich ein Fenster:
„Wollen Sie wirklich abstürzen?" - Ja/Nein

So hilft die Firma Mikroweich
uns nicht nur am Computer.
Der große Bill ist nicht nur reich,
er ist auch ein ganz Guter.

Bier leihen

Alles kann man heute leihen,
sogar ein gutes Flaschenbier.
Trinken ohne zu bereuen,
inzwischen ist das möglich hier.

Sofort will ich zum Händler rennen.
Freu dich, dass ich's dir besorg',
Die Flasche wirst du schnell erkennen:
Vorne drauf, da steht: To borg*.

Überhangmandat

Sieht man in der Politik
einen Mann, der äußerst dick,
dessen Bauch nach vorne drängt
bis er überm Gürtel hängt,
dann hat dieser Kandidat
nur ein Überhangmandat.

(Anmerkung: Tuborg)

Dinieren

Meine Frau, die gute Fee,
sie wollte mich verführen.
„Heut gibt's Zwiebeln und Püree,
willst du mit mir dinieren?"

Ich halte nichts von der Idee
mir sowas zu servieren.
Ich will zu Zwiebeln und Püree
nur Leber, nicht die Nieren.

Boxtraining

Um im Kampf nicht zu verlieren
müssen Boxer hart trainieren.
Täglich auf den Sandsack schlagen,
stündlich mit dem Springseil plagen.

Nur Boxen, springen, welche Qual.
Doch Klitschko denkt: Das war einmal.
Im Schlaf trainieren, das wär nett.
Drum kauft er sich ein Boxspringbett.

Die Vorteile des Alters

Die Jugend habe ich genossen.
Ich habe manchen Bock geschossen.
Es gab stets neue Horizonte,
doch vieles, was ich noch nicht konnte.

Inzwischen hab' ich Fertigkeiten,
die mir 'nen großen Spaß bereiten.
Ich kann im Alter, diesem reifen
beim Zähneputzen Lieder pfeifen.

Angebunden an eine Zapfsäule

Erst gestern, da musste ich tanken
an Raststätte Nürnberg in Franken.
Ein Mann wurd soeben gerettet,
er ward an die Säule gekettet.

Fast **so**, wie ein Hund an der Leine,
beweglich warn nur seine Beine.
Dann war ich mir plötzlich im Klaren:
Sein Hund ist in Urlaub gefahren.

Befehlsworte

Viel steckt in uns'rer Sprache drin,
ein Wort macht oftmals mehrfach Sinn.
Ein einz'ges Wort von manchen Leuten
lässt sich schon als Kommando deuten.

Wenn jemand zu dir sagt: „Streusalz"
und „Kochrezepte". Schnell, sonst knallt's.
„Habseligkeit" und „Mixgetränke"
„Laufbursche", über Tisch und Bänke.

„Schlagsahne" flott und „Denkmal" dran,
so hören sich Befehle an.
Doch dieses ist ein schwerer Brocken,
wenn jemand zu dir sagt: „Furztrocken"?

Fadfinder

Ich rede gern vor Frau und Mann
und manchmal auch vor Kindern.
Und meistens komm ich recht gut an,
doch selten bei Fad-Findern.

Perpetuum Mobile

An allen Autobahn-Raststätten
da gibt es Gutschein-Toiletten.
Dort pinkelt man, wie jeder kennt,
die Blase leer für siebzig Cent.

Mit Gutschein geht man dann zur Kasse,
man gönnt sich eine Kaffeetasse.
Dann nimmt das Schicksal seinen Lauf:
Die Blase füllt sich wieder auf.

Bald geht's dann wieder auf den Lokus,
und immer öfter, - „Hokus Pokus".
Ne Prozedur mit Wiederkehr,
die Blase ist mal voll, mal leer.

Der Name für das Procedere:
Perpetuumpipimobile.

Anmerkung: Der Name „Perpetuum Mobile"
steht für ein Gerät, das sich ohne weitere Ener-
giezufuhr ständig bewegt, nachdem es einmal in
Gang gebracht wurde.

Fortsetzung: Perpetuum Mobile

Man müsste neue Wege finden
und diesen Kreislauf unterbinden.
Mein Einfall, der ist wirklich klasse:
Ein Gutschein für die Rentenkasse,

dass viele Bächlein sich ergießen,
die in die Rentenkasse fließen.
So könnte man mit simplen Sachen
die Renten wieder flüssig machen.

Nächstenliebe

Sie lächelte so liebevoll.
Bei Männern war sie liebestoll.
Beständigkeit hat sie gemieden,
denn dreizehn Mal wurd sie geschieden.

Der nächste kam an ihre Brust,
sie steckte voller Lebenslust.
Auf dass man ihr die Sünden vergibt.
Sie hat doch stets den nächsten geliebt.

Blaues Gedicht

Es saß einmal ein blauer Dichter
am blauen Schreibtisch ganz entspannt,
grell angestrahlt durch blaue Lichter,
mit blauem Stift in blauer Hand.

Sein blaues Telefon, es schellte.
Der blaue Hörer lag davor.
Die blaue Hand nach vorne schnellte
und drückte ihn ans blaue Ohr.

„Verdammte Sch..., nicht schon wieder!"
Er wurde starr vor blauem Schreck,
der fuhr in seine blauen Glieder.
Das blaue Manuskript war weg.

Den blauen Hörer ließ er fallen.
Er zog den blauen Mantel an,
und tat die blauen Fäuste ballen.
„Die mach' ich fertig, Mann oh Mann."

Da war die blaue Haltestelle
Er stieg in diesen blauen Bus.
Die Ampeln zeigten blaue Welle
bis zum Verlagshaus, dann war Schluss.

Blaues Gedicht, Fortsetzung

Nun ging es zum Verlag, dem blauen.
Er öffnete die blaue Tür,
dann auf die blauen Schilder schauen.
Zum blauen Lektor: Stockwerk vier.

Er hastete die blauen Treppen
bis in den blauen vierten Stock.
Er suchte diesen blauen Deppen,
der diesmal schoss den blauen Bock.

Nun stand er vor dem blauen Zimmer,
er klopfte an mit blauer Faust.
Er hatte keinen blauen Schimmer,
wer hier in diesem Zimmer haust.

Im blauen Raum nur blaue Lichter
und blaue Wände, wie es schien.
Am blauen Schreibtisch saß ein Dichter.
Doch dieser Dichter, der war - grün.

Das ist der Anfang des nächsten Gedichtes.